Locus of Control – Die Kontrollüberzeugung. Messung von Emotionen und die Emotion Glück

Denis Pyttel

Bibliografische Information der Deutschen Nationalbibliothek:

Die Deutsche Nationalbibliothek verzeichnet diese Publikation in der Deutschen Nationalbibliografie; detaillierte bibliografische Daten sind im Internet über http://dnb.d-nb.de abrufbar.

ISBN: 9783346520784
Dieses Buch ist auch als E-Book erhältlich.

Druck und Bindung: Books on Demand GmbH, Norderstedt Germany
Gedruckt auf säurefreiem Papier aus verantwortungsvollen Quellen

Das vorliegende Werk wurde sorgfältig erarbeitet. Dennoch übernehmen Autoren und Verlag für die Richtigkeit von Angaben, Hinweisen, Links und Ratschlägen sowie eventuelle Druckfehler keine Haftung.

Das Buch bei GRIN: https://www.grin.com/document/1143247

Einsendeaufgabe

Locus of Control – Die Kontrollüberzeugung. Messung von Emotionen und die Emotion Glück.

abgegeben am 22.09.2021 im E-Campus

Modul: Allgemeine Psychologie II (BAPSY2)

Studiengang: Wirtschaftspsychologie (B.Sc.)

von

Denis Pyttel

Inhaltsverzeichnis

Locus of Control – Die Kontrollüberzeugung

Eine Aufgabe oder eine Situation gut zu meistern ist nicht immer leicht. Teilweise ist man ratlos oder zweifelt an seinen Fähigkeiten, teilweise empfindet man eine gewisse Hilflosigkeit, da man glaubt gar keine Kontrolle über die Situation zu haben. Das Konzept des „Locus of Control" beschreibt diese Kontrollüberzeugung, also ob Menschen glauben die Kontrolle darüber zu haben oder nicht.

Dabei spielt beim „Locus of Control" einmal die Personenabhängigkeit, also ob Internal oder External eine Rolle, sowie die Stabilität, also ob die Ursache zeitlich stabil oder variabel ist (Bak, 2019, S. 104).

Da diese Kontrollüberzeugung uns helfen kann Situationen angemessen zu bewerten und somit auch für zukünftige Situationen zu übertragen, beschäftigt sich dieses Kapitel explizit mit dem „Locus of Control", sowie dessen Wirkung auf unser Gesundheitsverhalten. Dabei sollte erwähnt werden, dass beide „Locus of Control"-Arten (Internal und External) ihre Daseinsberechtigung haben. Außerdem werden weitere ähnliche Konzepte, wie die Selbstwirksamkeit, die Attributionsstile oder die Attribuierungstheorie von Fritz Heider vorgestellt und mit dem „Locus of Control" verglichen.

Internal Locus of Control

Der „Internal Locus of Control" (dt. Interne Kontrollüberzeugung) sagt aus, dass man glaubt, dass man selbst Einfluss auf den Erfolg oder den Misserfolg einer Situation nehmen kann mit seiner eigenen Anstrengung und seinen eigenen Fähigkeiten. Dadurch ist eine Person motivierter an einer Situation/Aufgabe zu arbeiten, da man überzeugt ist Einfluss darauf nehmen zu können (Cosma & Pattarin, 2011, S. 201; Joelson, 2017).

Die Fähigkeit ist dabei zeitlich stabil und die Anstrengung ist zeitlich variabel (Bak, 2019, S. 104).

Das bedeutet, dass die Fähigkeit, zum Beispiel mathematisches Verständnis prinzipiell gleichbleibt, entweder es fällt einem leicht oder schwer und es bleibt relativ stabil, ohne große Veränderungen. Anstrengung hingegen ist zeitlich variabel, je nachdem wie sehr man sich angestrengt (z. B. gelernt) hat kommen die jeweiligen Ergebnisse zu Stande.

Nehmen wir als Beispiel die Situation eines Studenten. Ein Student geht ein ganzes Semester lang zu jeder Vorlesung, macht all seine Vor- und Nachbereitungen und hat richtig viel Spaß an den Veranstaltungen. Er ist von seinen Fähigkeiten überzeugt, das heißt, er versteht die Inhalte sehr gut und ist überzeugt bis zur Klausur sich alles merken zu können. Nun rückt die Vorbereitungsphase für die Klausur nahe, aufgrund dessen, dass der Student von sich überzeugt ist, lernt er fleißig auf seine Klausur, strengt sich also sehr dafür an. Er ist sehr motiviert.

Nun können zwei Ereignisse eintreten, entweder hat der Student eine gute oder eine schlechte Note bekommen. Wenn der Student eine gute Note erhält, dann ist er stolz auf sich selbst und seine Kontrollüberzeugung kann steigern. Durch den Erfolg fühlt er sich für zukünftige ähnliche Situationen sicherer. Wenn der Student nun allerdings trotz der ganzen Anstrengung eine schlechte Note erhält, dann empfindet er Scham und kann an seinen Fähigkeiten zweifeln und somit auch seine Hoffnungen auf zukünftige Situationen verlieren.

Laut Cherry (2021) kann ein schlechtes Ergebnis einen depressiver oder ängstlicher auf zukünftige Situationen machen.

Aufgrund des größeren Stresses kann man ggf. die Hoffnung komplett verlieren und in unserem Studentenbeispiel zum Abbruch des Studiums führen. Daher sollte man am besten den Erfolg einer Situation auf das eigene Können (Internal Locus of Control) und den Misserfolg auf fremde Umwelteingriffe (External Locus of Control) verbuchen.

External Locus of Control

Der „External Locus of Control" (dt. Externe Kontrollüberzeugung) beschreibt den Zustand dessen, dass eine Person nicht glaubt etwas verändern zu können, sondern dass der Ausgang einer Situation auf Glück oder Schicksal basiert und man deswegen weniger motiviert ist selbst etwas für das Ergebnis zu tun (z. B. weniger Lernen) (Cosma & Pattarin, 2011, S. 201; Joelson, 2017).

Dabei ist laut Bak (2019, S. 104) die Schwierigkeit einer Aufgabe zeitlich stabil und das Glück zeitlich variabel.

Die Schwierigkeit einer Aufgabe ist zeitlich deshalb stabil, weil z. B. bei einer Mathematikklausur die Aufgaben immer ähnlich sein werden, nur mit anderen Zahlen oder leicht veränderbaren Aufgaben. Der Lernstoff bleibt aber in der Regel gleich. Das Glück ist dabei allerdings variabel, da man hier per Zufall ein Ergebnis erzielen kann (z. B. zufällig richtig ankreuzen in Multiple-Choice-Klausur).

Zum Verständnis des „External Locus of Control" nehmen wir erneut das Studentenbeispiel. Ein Student nimmt nur gelegentlich an einer Vorlesung teil, macht die Vor- und Nachbereitung kaum und hat auch gar keinen Spaß an den Veranstaltungen. Sein Grund, er empfindet das Studium als zu schwierig (Mangel an Fähigkeitsüberzeugung) und glaubt er wird es nicht schaffen. Er bereitet sich auch nicht auf die bevorstehende Klausur vor, da er wenig Hoffnung sieht.

Auch hier sind nun zwei Ereignisse möglich, entweder eine gute oder eine schlechte Note. Da er mit einer schlechten Note schon gerechnet hat ist es ihm auch egal, er sieht die Schuld nicht bei sich selbst, sondern an den externen Umweltbedingungen, also an dem Professor. Wenn er nun allerdings doch eine gute Note bekommen hat, dann glaubt der Student trotzdem nicht an seine Fähigkeiten, sondern glaubt es war nur Glück, weshalb er für die kommenden Klausuren ebenfalls nicht viel lernen wird.

Laut Cherry (2021) fühlen sich Menschen mit „External Locus of Control" bei Misserfolgen weniger gestresst und eher entspannt.

Auch hier sollte nochmal erwähnt werden, dass ein Erfolg, auch wenn es nur per Glück war, am besten auf die eigenen Fähigkeiten zugeschrieben werden sollte, um in Zukunft mehr Hoffnung zu haben und Misserfolge sollten auf externe Faktoren ausgelagert werden, damit sie einen nicht belasten.

Locus of Control in der Gesundheit

Laut Rehn (2019, S. 67) kann man mit einer Förderung des „Internal Locus of Control" die allgemeine Gesundheitsförderung erhöhen. Er schlägt dabei vor Patienten mehr Informationen zu geben oder mehr Kontrolle zu überlassen (z. B. die Temperatur des Patientenzimmers zu regulieren).

Wenn man Patienten mehr über ihre Möglichkeiten informiert, was sie also selbst tun können, bzw. ihnen die Möglichkeit dazu geben, dann kann es beim Patienten den „Internal Locus of Control" erhöhen. Dies wiederum erhöht die Motivation mit der Krankheit zu kämpfen und führt eher dazu, dass der Patient sich an eine Diät hält, seine Medikamente nimmt oder Sport treibt. Der „Internal Locus of Control" kann aber auch für die Prävention, also der Vorbeugung von Erkrankungen dienen. Jemand, der weiß, dass eine reine Fast-Food-Ernährung schädlich für die Gesundheit ist und weiß, dass er die Kontrolle über die Situation hat, der wird sich ausgewogener ernähren, um nicht zu erkranken.

Jemand der mehr den „External Locus of Control" hat, glaubt nicht, dass er etwas für die Vorbeugung von Krankheiten oder dessen Behandlung tun kann. Somit wird so eine Person eher nicht auf eine gesunde Ernährung achten und ggf. auch nicht alle Therapiemaßnahmen durchziehen und wird sich eher auf sein Glück verlassen.

Trotzdem kann auch der „External Locus of Control" ein Schutzmechanismus sein, und zwar vor allem für chronische Krankheiten. Dabei kann sich nämlich der Patient emotional entlasten und externen Umständen die Schuld an der chronischen Krankheit geben (Mauritz, o. D.).

Zusammenfassend kann man also sagen, dass man für chronische Krankheiten die Schuld extern zuschreiben sollte und für die allgemeine Prävention, sowie zur Behandlung von akuten oder behandelbaren Krankheiten man eine höhere „Internal Locus of Control" haben sollte.

Selbstwirksamkeit

Die Selbstwirksamkeit ist ähnlich wie der „Locus of Control" die Überzeugung, ob man eine Situation meistern kann oder nicht.

Dabei spielt allerdings bei der Selbstwirksamkeit vor allem die Erfahrung eine große Rolle. Wenn ein Mensch eine ähnliche Situation schon einmal aus eigener Kraft gemeistert hat, dann wird er ähnliche Situationen besser einschätzen und eher davon überzeugt sein diese zu meistern. Dabei kann der Mensch auch schwierige Aufgaben, trotz Hindernisse lösen (Behme-Matthiessen & Pletsch, 2020, S. 23; Kaschek & Schumacher, 2015, S. 82).

Selbstwirksamkeit und „Locus of Control" sind sehr ähnliche Modelle, beide haben gemeinsam, dass sie die Kontrollüberzeugung des Menschen beschreiben. Die Selbstwirksamkeit ist ähnlich wie der „Internal Locus of Control", da beide von den Fähigkeiten überzeugt sind und man glaubt die Situation gut zu meistern.

Wenn ein Student eine gute Note in einer Klausur geschrieben hat, dann wird sowohl die Selbstwirksamkeit als auch der „Internal Locus of Control" gestärkt. Laut Becker (2019, S. 179) führt eine hohe Selbstwirksamkeit zu einer größeren Ausdauer für die Zielerreichung und auch negative Ergebnisse entmutigen einen nicht so schnell.

Der Unterschied zwischen Selbstwirksamkeit und „Internal Locus of Control" ist also zum einem die Ausdauer, also die Zielverfolgung trotz Hindernisse. Jemand der ein Studium angefangen hat, weil er anfangs von seinen Fähigkeiten überzeugt war, kann während dem Studium in Probleme geraten. Während bei der Selbstwirksamkeit, man sich von diesen Hindernissen nicht behindern lässt, könnte die „Internal Locus of Control" zu einer Hilflosigkeit werden und dementsprechend zu einer „External Locus of Control" werden (z. B. man fühlt sich hilflos eine Prüfung zu bestehen, da externer Faktor Professor zu anspruchsvoll ist). Außerdem wird eine schlechte Note jemanden mit hoher Selbstwirksamkeit nicht sofort belasten, was anders beim „Locus of Control" sein kann.

Jemand der eher eine geringe Selbstwirksamkeit (Selbstunwirksamkeit) hat, wird schneller aufgeben und schwierige Aufgaben gar nicht in Betracht ziehen (Becker, 2019, S. 179).

Eine geringe Selbstwirksamkeit hat zwar eine Gemeinsamkeit mit dem „External Locus of Control" indem man sich weniger anstrengt, da man keine Hoffnung auf Erfolg hat. Der große Unterschied ist hier allerdings, dass bei der geringen Selbstwirksamkeit, die Schuld nicht an externe Faktoren geht, sondern an die eigene Person und den eigenen Fähigkeiten.

Attributionsstile

Attributionsstil ist ein Konzept, welches sich mit der Neigung von Menschen zu Optimismus oder Pessimismus beschäftigt (Houston, 2020).

Optimistische Menschen sehen das Gute in Menschen und der Umwelt, sie sind positiv, humorvoll und lehnen negative Gedanken ab. Sie sind bereit neue Aufgaben zu erfüllen und das, auch wenn es einmal schwieriger wird.

Optimistische Menschen werden ihren Erfolg auf die eigene Person und Misserfolg auf äußere Umstände zuschreiben (Heckhausen & Heckhausen, 2018, S. 76 – 77; Houston, 2020).

Pessimistische Menschen sehen wiederum eher das Schlechte im Leben, sie sehen neue Aufgaben als belastend an und geben schneller auf und wenn sie mal Erfolg haben, dann nur aufgrund von externen Faktoren, wie Glück (Heckhausen & Heckhausen, 2018, S. 76 – 77; Houston, 2020).

Optimismus hat also viel gemeinsam mit dem „Internal Locus of Control" und der Selbstwirksamkeit. Alle sind positiv aufgefasst, werden sich anstrengen, um ihre Ziele zu erreichen und schreiben Erfolge ihrer eigenen Person an. Dabei geht der Optimismus, wie die Selbstwirksamkeit auch auf die möglichen Hindernisse ein, sodass man diese gut bewältigen kann.

Der Pessimismus hat viel gemeinsam mit dem „External Locus of Control", man glaubt nicht an sich selbst, sondern nur an externe Faktoren und gibt schneller auf. Außerdem strengen sie sich auch nicht sehr an, was sie gemeinsam haben mit dem „External Locus of Control" und der Selbstunwirksamkeit.

Der große Unterschied hierbei ist allerdings, dass Optimismus und Pessimismus Persönlichkeitseigenschaften sind (Westermann, 2014).

Das bedeutet, dass Optimismus und Pessimismus sich daher das ganze Leben lang aufrechterhalten können und dies auch in vielen unterschiedlichen Situationen, während der „Locus of Control" und die Selbstwirksamkeit eher auf bestimmte Situationen differenziert werden können und sich aufgrund von Erfahrungen eher verändern können.

Attribuierungstheorie nach Fritz Heider

Fritz Heider hat für den Erfolg oder Misserfolg von Situationen zwei Faktoren, einmal die Personenfaktoren, die aus Fähigkeiten bestehen und den Situationsfaktoren, wie sie Schwierigkeit der Aufgabe. Das Resultat einer Aufgabe bestimmen die Faktoren „Können", also die stabile Fähigkeit und das „Bemühen", also die variable Anstrengung. Wenn man nun also Erfolg gehabt hat, obwohl man sich wenig angestrengt hat, dann schreibt man sich es trotzdem selbst zu, allerdings auf den Faktor des „Könnens", also der Fähigkeit. Misserfolge werden eher auf externe Faktoren, wie die Schwierigkeit zugeschrieben (Fischer, Pfeiffer & Dickhäuser, 2021, S. 13 – 14; Heckhausen & Heckhausen, 2018, S. 31).

Wie auch der „Locus of Control" unterscheidet diese Theorie interne und externe Faktoren. Außerdem wird die Anstrengung motiviert, wenn man an seine Fähigkeiten glaubt, wie beim „Locus of Control" oder der Selbstwirksamkeit. Der Unterschied hier ist nun allerdings, dass die Erfolge und Misserfolge optimal für den Menschen zugeschrieben werden, nämlich der Erfolg auf die eigene Person und Misserfolge auf externe Faktoren.

Messung von Emotionen

Laut Eder und Brosch (2017, S. 188) sind Emotionen affektive Reaktionen in unterschiedlichsten Situationen, wo wir uns kurzfristig anders Verhalten und anders Erleben.

Ein Mensch fühlt am Tag zahlreiche Emotionen, von Emotionen wie Traurigkeit und Wut bis Freude und Überraschung. Damit man nun diese Emotionen auch wissenschaftlich erforschen kann, braucht es dazu passende Messmethoden. Deshalb beschäftigt sich dieses Kapitel mit unterschiedlichen Messmethoden aus den natürlichen Auslösern, sowie der Emotion als unabhängige und abhängige Variable. Dabei sollte allerdings erwähnt werden, dass nur ausgewählte Messmethoden kurz vorgestellt werden, da es sonst den Rahmen dieser Arbeit sprengen würde. Die Messmethoden werden systematisch vorgestellt, beginnend mit einer Erklärung, den Vor- und Nachteilen, sowie möglichen Problemen, welche bei der Messung auftreten können. Am Ende des Kapitels wird darüber diskutiert, welche Messmethode sich nun am besten für die Messung eignet.

Natürliche Auslöser

Natürliche Auslöser sind wie der Name schon sagt, Emotionen, welche nicht künstlich im Labor erzeugt werden, sondern in der alltäglichen Umwelt beobachtet werden können. Dabei gibt es z. B. die Tagebuchmethode, ereignis- und emotionsbezogene Protokolle, sowie Befragungen.

Tagebuchmethode

Die Tagebuchmethode ist eine Befragungsmöglichkeit über einen längeren Zeitraum. Dabei sollen die Probanden mindestens einmal am Tag (z. B. am Abend) Fragen zu ihrem Erleben und Verhalten des Tages beantworten (Döring, Bortz, 2016, S. 418; Brandsätter, Schüler, Puca & Lozo, 2018, S. 172).

Mit dieser Methode kann man also Situationen und dessen Emotionen festhalten. Man kann herausfinden, wie häufig eine Emotion am Tag gefühlt worden ist und aufgrund des langen Zeitraumes, wie häufig man generell sich so fühlt. Daraus kann man eigentlich bereits die Vorteile ableiten, nämlich die Ergebnisse sind detailliert, aufgrund des langen Erhebungszeitraumes und die Probanden können sich während des Eintragens noch besser an die jeweiligen Situationen erinnern. Laut Döring und Bortz (2016, S. 418) ist der große Nachteil, dass es ein großer Aufwand ist für die Befragten.

Man muss erstmal Menschen finden, die sich auf eine so lange Studie einlassen und dies wird auch finanziell mehr kosten.

Es gibt auch einige Probleme mit dieser Methode. Hoffmann und Engelkamp (2017, S. 162 – 163) behaupten, dass die Probanden Situationen nicht klar abgrenzen können und so triviale Ereignisse (wo man auch Emotionen fühlen könnte) gar nicht aufschreiben. Ein weiteres Problem ist, dass man nur eine Person untersucht und es deshalb nicht generalisiert, werden kann.

Emotions- und ereignisbezogene Protokolle

Bei den emotionsbezogenen Protokollen soll der Proband immer dann Fragen zur Situation und Intensität beantworten, wenn er die jeweilige Emotion fühlt (z. B. man fühlt sich traurig). Bei den ereignisbezogenen Protokollen soll der Proband dann Fragen zur Emotion beantworten, wenn ein Ereignis eintritt (z. B. man wird beleidigt). Dabei müssen die Fragen direkt beantwortet werden und nicht wie bei der Tagebuchmethode erst am Abend (Schmidt-Atzert, Peper & Stemmler, 2014, S. 40).

Der Vorteil liegt hier, dass man noch genauer ermitteln kann, wie ein Mensch sich in einer jeweiligen Situation fühlt. Der Nachteil ist, dass man nun direkt Fragen beantworten soll, also auch ständig das Protokoll mittragen muss. Zwar entfällt nun hier das Problem mit trivialen Ereignissen, es könnte dafür schwerer sein, passende Probanden zu finden, die daran interessiert sind und das Problem der Einzelfalluntersuchung bleibt bestehen.

Befragung

Bei der Befragung geht es darum, dass man Menschen fragt in welchen Situationen aus der Vergangenheit sie welche Emotionen gefühlt haben, bzw. welche Situationen mit einer Emotion assoziiert werden (Brandstätter et al. 2018, S. 172).

Das heißt man fragt z. B. jemanden wie er sich gefühlt hat als jemand gestorben ist oder wann jemand die Emotion Wut verspürt hat.

Laut Brandstätter et al. (2018, S. 172) ist der Vorteil hierbei, dass man auch nach Emotionen befragen kann, welche sonst aus ethischen Gründen nicht erforscht werden können.

Ein weiterer Vorteil ist, dass man keinen langen Befragungszeitraum benötigt. Der Nachteil, dass man hier erneut nur eine Person beobachtet und somit nicht auf die Allgemeinheit schließen kann, bleibt bestehen.

Ein weiter Nachteil laut Becker-Carus und Wendt (2017, S. 396) ist, dass aufgrund dessen, dass die Erinnerungen lange her sind, die Emotionen falsch erinnert werden und deshalb nicht brauchbar sind.

Emotion als unabhängige Variable

Emotion als unabhängige Variable bedeutet, dass die Emotion der Faktor ist, und man versucht diesen zu verändern, um dann das Ergebnis zu untersuchen (Becker-Carus & Wendt, 2017, S. 22).

Je nachdem also wie die unabhängige Variable gebildet worden ist, sollte sich die abhängige Variable, also das Verhalten, dementsprechend verändern. Dabei hat man eine Experimental- und eine Kontrollgruppe, um zu sehen, welche unabhängige Variable, welche Wirkung hat (Siegler, Eisenberg, DeLoache & Saffran, 2016, S. 27).

Im nachfolgendem werden die visuellen, auditiven und imaginierten Stimuli vorgestellt.

Visuelle Stimuli

Unter visuellen Stimuli versteht man alles was man sehen kann, also Bilder, Filmszenen oder Computerspiele.

Für Bilder gibt es den sogenannten „International Affective Picture System" (kurz: IAPS), welcher den Probanden unterschiedliche Bilder zeigt, um Emotionen hervorzurufen. Anschließend sollen die Probanden die Valenz, also wie wohl sie sich fühlen, die Erregung, von ruhig bis aufgeregt und die Kontrolle beurteilen (Farnsworth, 2020).

Dadurch, dass die Probanden in eine Stimmung gebracht werden, kann sich ihr Verhalten und Erleben verändern. Eines der Vorteile ist dadurch, dass man unterschiedliche Emotionen damit induzieren kann. Ein Nachteil und gleichzeitig Problem kann sein, dass nicht die richtige Emotion induziert wird und man somit kein zufriedenstellendes Ergebnis bekommt.

Das wohl beste visuelle Medium sind Computerspiele, da hier, bewegte Bilder und Ton ablaufen und man gleichzeitig aber auch etwas tut.

Von Brincken und Konietzny (2012, S. 12) meinen dazu, dass Spieler emotional in die Charaktere und die Story eingebunden werden sollen.

Dadurch, dass man die Charaktere steuert oder mit ihnen interagiert, baut man eine Beziehung mit ihnen auf und hat dadurch eine größere emotionale Bindung, weshalb dann auch die Story einen mehr emotional bewegt. Dabei sind Computerspiele wie „The Last of Us" oder „Life is Strange" sehr gute emotional bewegende Titel. Der Vorteil ist also klar, dass man sich mehr hineinversetzen kann in die Emotion, sowie sich die Emotion länger aufbaut. Der Nachteil der falschen Interpretation kann bestehen bleiben, kann aber verringert werden, dafür dauert es länger ein Computerspiel vollständig zu beenden (zwischen 2 bis 50 Stunden je nach Spiel).

Auditive Stimuli

Bei auditiven Stimuli geht es um Töne oder Musik. Dabei sind sie bereits ein Bestandteil von Filmszenen oder Computerspielen.

Musik kann nämlich Filme dramatischer machen, indem dazu passende traurige oder angsteinflößende Musik eingespielt wird (Heiser, 2020, S. 427).

Dabei gibt es unterschiedliche Musikrichtungen, sowie auch unterschiedliche Gattungen, wie traurige Breakup-Songs oder ein fröhliche Sommerlieder.

Des Weiteren werden hohe Töne eher mit positiven Emotionen und tiefe Töne eher mit negativen Emotionen verbunden. Außerdem wird der Mollakkord eher trauriger wahrgenommen als der Durakkord (Brandstätter et al. 2018, S. 187).

Das „International Affective Digitized Sounds" (kurz: IADS) ist eine Datenbank, bestehend aus 111 Geräuschen, die ähnlich wie die IAPS, die Valenz, Erregung und Kontrolle der jeweiligen Sounds misst (Stevenson & James, 2008, S. 315).

Der Vorteil ist auch hier, dass man gut Emotionen induzieren kann, welche dann das Verhalten verändern können. Der Nachteil ist aber auch hier, dass man anders die Emotionen interpretieren kann und somit nicht passend zur Untersuchung sind.

Imaginative Stimuli

Bei der Imaginationstechnik geht es darum, dass sich die Versuchsperson in eine fiktive Situation hineinversetzen soll und diese dann möglichst detailliert beschreibt. Dadurch soll der Proband in die Emotion gebracht werden (Brandstätter et al. 2018, S. 188).

Der Vorteil ist, dass man die Versuchsperson Emotionen induzieren kann, die ethisch nicht vertretbar sind, da man sich nur jemand anderes vorstellt. Außerdem können seltene Emotionen vorgestellt werden. Der Nachteil ist, die Versuchsperson muss kreativ sein und die Interpretation kann erneut anders sein als gewollt.

Emotion als abhängige Variable

Bei der Emotion als abhängige Variable geht es darum, wie ein Mensch nun reagiert, wenn er eine bestimmte Emotion hat, sowie dessen Erfassung (Jansen, 2018, S. 51).

Dabei wird im Folgendem zum einem die Mimik, zum anderen die physiologischen Maße vorgestellt.

Mimik

Bei der Mimik geht es, um die Messung des mimischen Ausdrucks.

Zum einem gibt es hier das „Facial Action Coding System", welches von Paul Ekman erforscht wurde. Dabei kann man hier typische Gesichtsausdrücke erkennen, wenn man eine bestimmte Emotion hat. Durch Fotos oder Filmaufnahmen werden die Muskelbewegungen mit einer Datenbank abgeglichen, um darauf auf die Emotion zu schließen (Ronft, 2021, S. 395 – 396). Der Vorteil dieser Methode ist, dass man herausfinden kann, welche Emotion der Proband zum Zeitpunkt der Messung hat. So kann man besser zuordnen, wie sich ein Proband tatsächlich gefühlt hat. Der Nachteil ist, dass es zu einfach ist, um daraus tatsächlich eine eindeutige Emotion zu bestimmen. Außerdem kann der Proband die mimischen Reaktionen verfälschen.

Daher gibt es eine weitere Methode nämlich die Elektromyographie (EMG), hierbei werden durch Elektroden die Gesichtsmuskeln gemessen. Der Vorteil dabei ist, dass man hier das Ergebnis nicht verfälschen kann, da man sehr gut spontane Emotionen erfassen kann. So sagt z. B. das Duchenne-Lächeln aus, ob es ein echtes oder aufgezogenes Lächeln ist (Brandstätter et al. 2018, S. 187). Der Nachteil hier ist, dass es künstlich wirkt, da man hier verkabelt mit Elektroden ist, und es somit keine natürliche Situation widerspiegeln kann.

Physiologische Maße

Bei den physiologischen Maßen geht es darum, zu messen wie sich z. B. der Blutdruck oder die Körpertemperatur verändert, wenn man eine bestimmte Emotion fühlt.

So wird zum Beispiel bei Wut oder Aggression der Blutdruck erhöht oder bei der Pupillometrie werden die Pupillen entweder bei Furcht oder durch einen angenehmen Reiz ausgeweitet (Moser, 2015, S. 171; Oberberg Klinken, o. D.) Der Nachteil ist, dass man ein Messgerät benötigt, welches in einer natürlichen Situation nicht verwendet werden würde. Zum anderen sind Emotionen nicht eindeutig zuordenbar, wie man es bei der Pupillometrie gesehen hat.

Laut Moser (2015, S. 171) ist der Vorteil allerdings, dass Probanden diese physiologischen Maße nicht bewusst kontrollieren und somit auch nicht verfälschen können.

Diskussion

Welches nun die beste Methode zur Messung von Emotionen ist, ist nicht eindeutig zu beurteilen, da es darauf ankommt wonach man sucht.

Der natürliche Auslöser ist eine tolle Methode, um Emotionen in der tatsächlichen Umwelt zu beobachten, aber aufgrund dessen, dass die Probanden selbst die Emotionen und Situationen erfassen und dokumentieren, kann es hier zu Verfälschungen kommen, welche auch per Absicht geschehen, wenn der Proband Emotionen fühlt, welche nicht zu den Normen der Gesellschaft passen. Außerdem sind es nur Einzelfälle und somit schwierig für die Allgemeinheit.

Emotionen als unabhängige Variable eignen sich vor allem, wenn man eine Emotion induzieren möchte, um zu sehen, wie der Proband sich in einer Situation verhalten wird. Prinzipiell ist es eine gute Methode, aber man sollte aufpassen, da auch hier die Zurückhaltung aufgrund von Normen oder eine falsche Interpretation der Induktion zu einem nicht erwünschten Ergebnis führen können. Emotionen als abhängige Variable eignen sich deshalb prinzipiell am besten zur Messung, da man hier Ergebnisse nicht verfälschen kann, da man diese eindeutig messen kann, allerdings ist man hier eingeschränkt mit der Beobachtung in einer Situation, aufgrund der nötigen Messgeräte, sowie der Anzahl an Emotionen, welche man messen kann. Zusätzlich muss man beachten, dass mehrere Emotionen, zu denselben physiologischen Reaktionen führen können.

Die Emotion: Glück

Glück ist wohl die Emotion, welche die allermeisten Menschen als positiv bewerten und diese auch gerne erleben.

Es ist uns so wichtig, dass es sogar einen „World Happiness Report" gibt, welcher misst, welche Länder die glücklichsten sind. Dabei sind die Top 3 glücklichsten

Länder im Jahr 2021 Finnland, Island und Dänemark. Deutschland belegt auf der Liste Platz 7 (United Nations [UN], 2021).

Dabei stellt sich allerdings die Frage, was Glück überhaupt ist und ab wann man glücklich ist? Dazu wird in diesem Kapitel der Begriff Glück von anderen Wörtern abgegrenzt und definiert. Außerdem wird auf die Entstehung und die Auswirkungen von Glück eingegangen. Aktuelle Ergebnisse der psychologischen Forschung, wie die Befragung zum Thema Glück oder Phänomene, wie das „feel-good-do-good"-Phänomen oder Glück beim Lottogewinn werden ebenfalls vorgestellt.

Definition

Um Glück zu definieren, werden erstmal drei ähnliche Begriffe erläutert nämlich die Belastungsfreiheit, die Freude und die Zufriedenheit.

Belastungsfreiheit ist ein Zustand, wo ein Mensch keine schweren Lasten oder Beschwerden hat und mit bestehenden (leichteren) Belastungen gut umgehen kann (Spisak & Della Picca, 2017, S. 21).

Bei der Belastungsfreiheit fühlt man sich also nicht schlecht.

Die Zufriedenheit ist ein Zustand, der im Gleichgewicht mit der Unzufriedenheit steht. Man erlebt Zufriedenheit, wenn man Erfolge feiert und gleichzeitig nicht unzufrieden ist (Wenski, 2021, S. 251 – 252).

Man kann Zufriedenheit erhöhen, wenn man z. B. eine gute Note im Studium erhält und dabei gleichzeitig Spaß am Studium hat, denn wenn man das Studium nur wegen einer Pflicht oder Druck von jemanden macht, dann wird man unzufrieden und hat kein gutes Gleichgewicht.

Um die Zufriedenheit besser zu beantworten, sollte man sich die jeweiligen Bereiche ansehen, wie Arbeitszufriedenheit, Familienzufriedenheit oder auch Zufriedenheit mit der Regierung (Krafft, Walker, 2018, S. 197).

Freude spiegelt bereits etwas Positives wider. Wenn wir eine Tätigkeit ausführen und dies uns Freude bereitet, dann fühlen wir uns damit wohl und machen diese Tätigkeit gerne häufiger (Krafft & Walker, 2018, S. 20).

Freude ist dabei also an eine gewisse Tätigkeit gebunden. Wenn jemand zum Beispiel anfängt Klavier spielen zu lernen und dabei Spaß und Freude hat, dann wird er eher dranbleiben und weiterlernen, da er dieses positive Gefühl weiterhin erleben möchte.

Freude ist also an eine Tätigkeit (State) gebunden, während Glück darüber hinaus geht.

Dabei wird Glück als eine sehr starke positive Emotion beschrieben, welcher sehr intensiv ist und eher ist Richtung eines Traits geht (Mayring, 1991; zitiert nach Frey, 2017, S. 205).

Durch diese Trait-Eigenschaft, ist ein Mensch generell glücklicher, weshalb aus diesem generellen Glück eine Ableitung auf die jeweiligen Situationen einhergeht. So kann z. B. ein Arbeitnehmer glücklicher bei der Arbeit sein, auch wenn die Aufgaben nicht immer die spannendsten sind. Andererseits kann Glück auch dadurch entstehen, dass man viele Tätigkeiten ausführt, welche uns Freude bereiten und wir dadurch prinzipiell auch glücklicher werden.

Was macht Menschen glücklich?

Es gibt viele unterschiedliche Faktoren, welche in das Thema Glück einfließen. Wie bereits anfangs erwähnt gibt es einen „World Happiness Report", dort werden Daten zu Ländern analysiert, sowie die Menschen befragt zu den Themen: Bruttoinlandsprodukt (BIP), Großzügigkeit, das soziale Umfeld, Korruption, Lebenserwartung und die Freiheit (UN, 2021; Rotermund, 2021, S. 134).

In einer Befragung von Marketagent (2018) in Österreich wurden 1001 Menschen befragt, was Glück für die jeweiligen Menschen bedeutet. Dabei waren die Themen Gesundheit (38,9%), Familie (26,8%) und Freunde (14,7%) die drei am meisten genannten Antworten.

Es gibt also in beiden Befragungen einen Zusammenhang beim Thema Gesundheit und Soziales Umfeld.

Gesundheit spielt bei Glück deshalb eine wichtige Rolle, da wenn man gesund ist, man sich keine Sorgen machen muss und ganz normal seine Tätigkeiten weiter ausführen kann. Auch Familie und Freunde können uns Glück bringen, da wir jemanden haben dem wir vertrauen können, der für einen da ist und uns bei schwierigen Situationen helfen kann. Durch das soziale Umfeld ist man weniger einsam und kann somit eher Traurigkeit und Depression vorbeugen.

Aber auch bei zufälligen Ereignissen kann man von Glück sprechen.

Bei Thema Glücksspiel oder Lotto, verspürt man Glück, wenn man etwas gewonnen hat. Durch einen Millionengewinn kann man deshalb glücklich sein, da man nun alles machen kann (z. B. eine Weltreise), sofern es kaufbar ist. Am besten teilt man seinen Gewinn mit Freunden und Familie, um gemeinsam Spaß zu haben, denn ohne echte Freunde (welche man nicht kaufen kann) wird man nämlich langfristig nicht glücklich (Ruhr24, 2019).

Auswirkungen von Glück

Zu einem erhöht Glück die Innovationsfähigkeit und die Kreativität eines Menschen (Rehwaldt, 2019, S. 17).

Aufgrund einer positiven Einstellung, ist ein Mensch optimistischer Probleme zu lösen, durch kreative Ideen. Somit ist er gleichzeitig produktiver und schafft z. B. seine Karriere, durch beeindruckende Leistungen erfolgreicher zu gestalten, um wiederum Ziele zu erreichen, wo er stolz und glücklich sein kann.

Trotz dessen, dass man Zufriedenheit und Glück abgrenzen kann, werden diese auch häufig synonymartig verwendet (Genkova, 2020, S. 3).

Das bedeutet, dass wenn man glücklich ist, man auch zufrieden ist, auch wenn nicht in allen Bereichen.

Laut Asendorpf (2019, S. 136) ist das allgemeine Selbstwertgefühl ein wichtiges Konstrukt der allgemeinen Lebenszufriedenheit.

Wenn man also zufrieden ist, bzw. glücklich ist, dann hat man ein besseres Selbstwertgefühl, sieht sich selbst positiver und glaubt man ist wertvoll, was in allen Bereichen, wie Selbstsicherheit oder auch Zielerreichung hilfreich ist.

Das „feel-good-do-good"-Phänomen bedeutet, dass wenn jemand glücklich ist, er anderen Menschen eher helfen wird. Man wird eher ehrenamtlich tätig oder spendet an gemeinnützige Organisationen. Denn, wenn wir etwas Gutes tun, dann werden wir ebenfalls glücklicher, weil wir uns damit beweisen, dass wir in der Lage sind großzügig zu sein und anderen helfen zu können (Hoggard, 2005; zitiert nach Alavi, 2007, S. 484).

Literaturverzeichnis

Alavi, H. R. (2007). Correlatives of Happiness in the University Students of Iran (A Religious Approach). *J Relig Health*, *46*, S. 480 – 499. https://doi.org/10.1007/s10943-007-9115-4

Asendorpf, J. B. (2019). *Persönlichkeitspsychologie für Bachelor*. (4. Aufl.). Berlin, Heidelberg: Springer. https://doi.org/10.1007/978-3-662-57613-7

Bak, P. M. (2019). *Lernen, Motivation und Emotion*. (1. Aufl.). Berlin, Heidelberg: Springer. https://doi.org/10.1007/978-3-662-59691-3

Becker, F. (2019). *Mitarbeiter wirksam motivieren*. (1. Aufl.). Berlin, Heidelberg: Springer. https://doi.org/10.1007/978-3-662-57838-4

Becker-Carus, C. & Wendt, M. (2017). *Allgemeine Psychologie*. (2. Aufl.). Berlin, Heidelberg: Springer. https://doi.org/10.1007/978-3-662-53006-1

Behme-Matthiessen, U. & Pletsch, T. (Hrsg.). (2020). *Lehrbuch der Multifamilientherapie* (1. Aufl.). Berlin, Heidelberg: Springer. https://doi.org/10.1007/978-3-662-61196-8

Brandstätter, V., Schüler, J., Puca, R. M. & Lozo, L. (2018). *Motivation und Emotion*. (2. Aufl.). Berlin, Heidelberg: Springer. https://doi.org/10.1007/978-3-662-56685-5

Cherry, K. (2021). *Locus of Control and Your Life*. Zugriff am 08.09.2021. Verfügbar unter https://www.verywellmind.com/what-is-locus-of-control-2795434

Cosma S. & Pattarin, F. (2011). Attitudes, Personality Factors and Household Debt Decisions: A Study of Consumer Credit. In P. Molyneux, *Bank Strategy, Governance and Ratings* (S. 194 – 216). London: Palgrave Macmillan. https://doi.org/10.1057/9780230313866

Döring, N. & Bortz, J. (2016). *Forschungsmethoden und Evaluation in den Sozial- und Humanwissenschaften*. (5. Aufl.). Berlin, Heidelberg: Springer. https://doi.org/10.1007/978-3-642-41089-5

Eder, A. B. & Brosch, T. (2017). Emotion. In J. Müsseler & M. Rieger (Hrsg.), *Allgemeine Psychologie* (3. Aufl.). (S. 185 – 222). Berlin, Heidelberg: Springer. https://doi.org/10.1007/978-3-642-53898-8

Farnsworth, B. (2020). *The International Affective Picture System [Explained and Alternatives]*. Zugriff am 14.09.2021. Verfügbar unter https://imotions.com/blog/iaps-international-affective-picture-system/

Fischer, N., Pfeiffer, T. & Dickhäuser, O. (2021). *Stark im Scheitern – Motivation nach Misserfolgen*. (1. Aufl.). Wiesbaden: Springer. https://doi.org/10.1007/978-3-658-33281-5

Frey, D. (2017). *Psychologie der Märchen*. (1. Aufl.). Berlin, Heidelberg: Springer. https://doi.org/10.1007/978-3-662-53668-1

Genkova, P. (2020). Kulturelle Dimensionen und Subjektives Wohlbefinden im Kulturvergleich. In T. Ringeisen, P. Genkova & Leong, F. T. L. (Hrsg.), *Handbuch Stress und Kultur*. Wiesbaden: Springer. https://doi.org/10.1007/978-3-658-27825-0_22-1

Heckhausen, J. & Heckhausen, H. (Hrsg.). (2018). *Motivation und Handeln* (5. Aufl.). Berlin, Heidelberg: Springer. https://doi.org/10.1007/978-3-662-53927-9

Heiser, A. (2020). *Das Drehbuch zum Drehbuch*. (3. Aufl.). Wiesbaden: Springer. https://doi.org/10.1007/978-3-658-29734-3

Hoffmann, J. & Engelkamp J. (2017). *Lern- und Gedächtnispsychologie*. (2. Aufl.). Berlin, Heidelberg: Springer. https://doi.org/10.1007/978-3-662-49068-6

Houston, E. (2020). *What Are Attributional and Explanatory Styles in Psychology?* Zugriff am 10.09.2021. Verfügbar unter https://positivepsychology.com/explanatory-styles-optimism/

Jansen, L. (2018). *Emotion*. (1. Aufl.). Riedlingen: Studienbrief der SRH-Fernhochschule – The Mobile University

Joelson, R. B. (2017). *Locus of Control*. Zugriff am 08.09.2021. Verfügbar unter https://www.psychologytoday.com/intl/blog/moments-matter/201708/locus-control

Kaschek, B. & Schumacher, I. (2015). *Führungspersönlichkeiten und ihre Erfolgsgeheimnisse*. (1. Aufl.). Wiesbaden: Springer. https://doi.org/10.1007/978-3-658-04434-3

Krafft, A. M. & Walker, A. M. (2018). *Positive Psychologie der Hoffnung*. (1. Aufl.). Berlin, Heidelberg: Springer. https://doi.org/10.1007/978-3-662-56201-7

Marketagent. (2018). *Was ist Glück für Sie? Was bedeutet für Sie persönlich Glück?* Zugriff am 20.09.2021. Verfügbar unter https://de.statista.com/statistik/daten/studie/422090/umfrage/bedeutung-von-glueck-in-oesterreich/

Mauritz, S. (o. D.). *Schutzfaktor Kontrollüberzeugungen*. Zugriff am 09.09.2021. Verfügbar unter https://www.resilienz-akademie.com/schutzfaktor-kontrollueberzeugungen/

Moser, K. (2015). *Wirtschaftspsychologie*. (2. Aufl.). Berlin, Heidelberg: Springer. https://doi.org/10.1007/978-3-662-43576-2

Oberberg Kliniken. (o. D.). *Die Macht von unterdrückten Gefühlen: Wie sich innere Wut auf die psychische Gesundheit auswirken kann.* Zugriff am 15.09.2021. Verfügbar unter https://www.oberbergkliniken.de/artikel/die-macht-von-unterdrueckten-gefuehlen-wie-sich-innere-wut-auf-die-psychische-gesundheit-auswirken-kann

Rehn, J. (2019). *Gesunde Gestaltung.* (1. Aufl.). Wiesbaden: Springer. https://doi.org/10.1007/978-3-658-23555-0

Rehwaldt, R. (2019). *Glück im Unternehmen.* (1. Aufl.). Wiesbaden: Springer. https://doi.org/10.1007/978-3-658-22761-6

Ronft, S. (2021). *Eventpsychologie.* (1. Aufl.). Wiesbaden: Springer. https://doi.org/10.1007/978-3-658-28888-4

Rotermund, U. (2021). *Ausbruch aus der Komplexitätsfalle.* (1. Aufl.). Berlin, Heidelberg: Springer. https://doi.org/10.1007/978-3-662-62928-4

Ruhr24. (2019). *Glückliche Gewinner - Psychologe erklärt die Freude an Gewinnspielen.* Zugriff am 20.09.2021. Verfügbar unter https://www.ruhr24.de/leben-und-erleben/westlotto-org1299103/gewinn-macht-gluecklich-psychologe-erklaert-warum-13156513.html

Schmitz-Atzert, L., Peper, M. & Stemmler, G. (2014). *Emotionspsychologie.* (2. Aufl.). Stuttgart: Kohlhammer.

Siegler, R., Eisenberg, N., DeLoache, J. & Saffran, J. (2016). *Entwicklungspsychologie im Kindes- und Jugendalter.* (4. Aufl.). Berlin, Heidelberg: Springer. https://doi.org/10.1007/978-3-662-47028-2

Spisak, M. & Della Picca, M. (2017). *Führungsfaktor Psychologie.* (1. Aufl.). Berlin, Heidelberg: Springer. https://doi.org/10.1007/978-3-662-53156-3

Stevenson, R. A. & James, T. W. (2008). Affective auditory stimuli: Characterization of the International Affective Digitized Sounds (IADS) by discrete emotional categories. *Behavior Research Methods, 40,* S. 315 – 321. https://doi.org/10.3758/BRM.40.1.315

United Nations. (2021). *Die 10 glücklichsten Länder der Welt im Jahr 2021.* Zugriff am 20.09.2021. Verfügbar unter https://de.statista.com/statistik/daten/studie/817960/umfrage/top-10-der-gluecklichsten-laender-weltweit/

Von Brincken, J. & Konietzny, H. (2012). *Emotional Gaming: Gefühlsdimensionen des Computerspielens (Intervisionen).* (1. Aufl.). München: epodium.

Wenski, G. (2021). *Selbstmanagement im Beruf.* (1. Aufl.). Wiesbaden: Springer. https://doi.org/10.1007/978-3-658-33249-5

Westermann, H. (2014). *Optimismus ist ein Persönlichkeitsmerkmal.* Zugriff am 10.09.2021. Verfügbar unter https://www.menschenswetter.de/editorial_articles/show/995/optimismus-ist-ein-persoenlichkeitsmerkmal